PROPOSITION

DE FORMER
UNE RÉPUBLIQUE,

SUIVANT LE PLAN

DU PRÉSID^t. DE MONTESQUIEU,

DANS LES MONTAGNES

DE LA GUYANE FRANÇAISE;

Par le Citoyen DUCHESNE, ancien Magistrat à Blois, Département de Loir et Cher, rue Chevre-Mouton, n°. 7.

PRIX : 1 fr. 20 c., (24 f.).

A BLOIS,

De l'Imprimerie du C. MASSON, Grand-rue, n°. 87.

Et se trouve,

A PARIS, chez les C^{ns}. RICHARD, CAILLE et RAVIER, Libraires, rue Haute-Feuille;

A ORLÉANS, chez le C. ROUZEAU-MONTAULT, Imprimeur-Libraire, rue Egalité.

NIVÔSE, AN X.

PROPOSITION

DE FORMER
UNE RÉPUBLIQUE,

SUIVANT LE PLAN

DU PRÉSID^T. DE MONTESQUIEU,

DANS LES MONTAGNES

DE LA GUYANE FRANÇAISE.

———————

Dans tous les siecles, et chez tous les peuples qu'on appelle civilisés, on a parlé d'égalité, de liberté ; différentes nations, anciennes et modernes, en ont joui et en jouissent encore avec plus ou moins d'étendue ; celles que nous nommons sauvages en ont joui et en jouissent seules dans toute la plénitude, parce qu'elles sont plus près de la nature, et parce qu'en conséquence, chez elles, la terre appartient à tous ; que les cultures, les chasses, les pêches, les autres travaux et leurs produits, les repas et les loge-

I

gemens, toutes ces choses sont communes ; qu'il n'y a conséquemment ni riches ni pauvres, ni maîtres ni serviteurs. Si donc, dans leur communauté de travaux et de biens, ils étoient reglés par certaines lumières qui leur manquent, et qui éclairent la plupart des autres peuples, ces nations, que nous nommons actuellement sauvages, jouiroient alors, dans le sein de l'égalité et de la liberté, de toute la somme de bonheur dont l'humanité est susceptible.

La perfectibilité est un des principaux attributs de l'homme : cet attribut est un de ceux qui le distinguent des autres animaux. Si donc on introduisoit chez des sauvages le perfectionnement de leurs connoissances, de leurs facultés, en y maintenant la communauté de biens ; et si on établissoit une colonie de gens instruits, chez qui on introduisît la communauté de biens, en y maintenant le perfectionnement des connoissances, ces sociétés jouiroient de toute cette somme de bonheur dont je viens de parler.

Nous avons des écrivains anciens et modernes qui, pour faire, disent-ils, le bonheur de l'homme, l'affranchissent de tout soin pour les cultures, de toute étude pour acquérir des connoissances : c'est le réduire au sort de la brute, c'est contredire, c'est détruire son attribut distinctif d'avec la brute, sa perfectibilité.

Il y a eu d'anciennes nations qui ont été célebres, par leur prospérité, en proportion de ce qu'elles ont admis la communauté de biens avec plus ou moins d'étendue.

Dans l'île de Crète, les repas étoient communs entre tous les citoyens hommes, femmes et enfans ; les tables étoient fournies par la république, les terres étoient cultivées par des peuples du voisinage qui avoient été subjugués, et qui étoient obligés à livrer une certaine quantité de denrées. Cette communauté de tables étoit un moyen d'entretenir l'égalité et la liberté chez les Crètois, jusqu'à un certain point.

Licurgue, pour établir à Sparte, entre les citoyens, l'égalité et la liberté, y institua aussi la communauté des tables ; mais le réglement de Crète étoit préférable à celui de Licurgue, parce qu'à Sparte les citoyens étoient obligés de fournir leur quote part, faute de quoi ils n'étoient pas reçus : ce qui étoit exclure les pauvres.

C'est d'après ces exemples que Platon avoit établi sa république sur la commu-

*

nauté de biens, parce que cette communauté est la seule garantie de l'égalité, de la liberté dans toute leur plénitude ; aussi les habitans de Mégaliopolis, en Arcadie, l'ayant prié de leur donner un code de lois, il s'y refusa, parce qu'il apprit qu'ils n'admettroient jamais la communauté de biens.

Il faut cependant convenir que toutes ces belles institutions anciennes étoient universellement déparées par une grande tache, celle de l'esclavage : la république proposée en seroit exempte comme on le verra.

Les Péruviens ont aussi joui jusqu'à un certain point de cette égalité, de cette liberté. Au moyen de ce que les Incas avoient établi que les terres seroient annuellement partagées entre les différentes familles, en proportion du nombre des membres dont elles étoient composées, il résultoit qu'aucune famille, qu'aucun membre de chaque famille n'avoit en terre une jouissance plus étendue qu'une autre ; qu'aucune famille, qu'aucun membre de chaque famille ne manquoit de sa portion. Les auteurs qui ont écrit sur ce peuple en ont parlé comme de l'une des meilleures nations qui aient existé.

Des religieux chrétiens, frappés de l'exemple des Péruviens, avoient, dans nos derniers siecles, rassemblé des sauvages dans l'Amérique méridionale et septentrionale. A force de soins et de tems, ils étoient parvenus à les instruire dans les principes de leur culte, dans les cultures et dans les arts principaux : les sauvages surtout de l'Amérique méridionale. Ces religieux avoient trouvé l'égalité, la liberté, et conséquemment la communauté de biens, toutes établies chez ces sauvages, et ils les y avoient maintenues.

A l'occasion de leurs institutions, voici le plan que donne d'une république le profond auteur de l'*Esprit des loix*, liv. 4, ch. 6. « La société des Jésuites a entrepris » de grandes choses, et elle y a réussi. Elle » a retiré des bois des peuples dispersés, » elle leur a donné une subsistance assu- » rée, elle les a vêtus ; et quand elle n'au- » roit fait par-la qu'augmenter l'industrie » parmi les hommes, elle auroit beaucoup » fait. »

» Ceux qui voudront faire des institu- » tions pareilles établiront la communauté » des biens de la république de Platon, » ce respect qu'il demandoit pour les dieux, » cette séparation d'avec les étrangers, » pour la conservation des mœurs ; et la

» cité faisant le commerce et non pas les ci-
» toyens, ils donneront nos arts sans notre
» luxe, et nos besoins sans nos desirs. »

» Ils proscriront l'argent dont l'effet est
» de grossir la fortune des hommes au-
» delà des bornes que la nature y avoit
» mises, d'apprendre à conserver inutile-
» ment ce qu'on avoit amassé de même,
» de multiplier à l'infini les desirs, et de
» suppléer à la nature qui nous avoit don-
» né des moyens très-bornés, d'irriter
» nos passions, et de nous corrompre les
» les uns les autres. »

Mon dessein est de proposer l'établissement de cette république sur ces principes :
j'ai donc copié ce beau morceau, parce-
qu'il contient tout mon plan.

L'établissement de pareille république
fut aussi l'objet des vœux du célebre chan-
cellier d'Angleterre, Thomas Morus, dans
son Eutopie ; Las-Casas avoit présenté le
projet de l'exécuter ; le fameux amiral de
Coligny avoit eu le même desir ; les Jésuites, le chevalier Penn, les Dumpiers
l'ont réalisé, d'après leurs principes respectifs, parmi des centaines de milliers
d'hommes, soit de l'Amérique méridionale,
soit de l'Amérique septentrionale. Il seroit
donc aisé de réaliser de même le plan que

je présente d'après les principes du président de Montesquieu.

Je propose de placer cette république dans la vaste contrée des hautes montagnes dont tout l'intérieur de la Guyane française est couvert, parce qu'elles présentent un air pur, des situations délicieuses, et suivant les différens points d'élévation, les climats des trois zones, le feu de la zone torride dans le bas de la montagne, des glaces vers son sommet, et conséquemment, dans les intervalles, un climat plus ou moins chaud à mesure qu'on s'approche ou qu'on s'éloigne de l'un de ces deux extrêmes ; qu'en variant son habitation sur ces montagnes, changement qui n'exige qu'une heure ou environ, on peut donc se procurer un perpétuel printems ; qu'on pourroit élever les animaux et les végétaux utiles des trois zones, tant les indigènes que ceux qui n'y sont pas connus et qu'on y transporteroit par la suite : deux avantages inappréciables, et qui rentrent dans cet esprit de perfectibilité qui forme un de mes principes ; mais avantages qu'on ne peut trouver ni à St. Domingue ni dans aucunes de nos autres îles, parce que leurs montagnes ne sont pas assez élevées.

J'établirois parmi les colons l'égalité, la liberté et, conséquemment, la communauté de biens. Je commencerois cette république d'abord et principalement avec des Indiens qui ont déjà reçu un commencement de civilisation, parce que ces Indiens vivant entre eux en communauté de biens, cette communauté se trouveroit toute fixée; parce que ces Indiens ayant déjà quelqu'idée de culture et d'arts, seroient d'autant plus susceptibles de s'y livrer, ainsi que leurs enfans, avec des Français qui viendroient s'établir avec eux, et qui continueroient à les y instruire tant par leur direction que par leur exemple; parce que, sur les parties de la montagne qui correspondent au climat de la France, ces Indiens et ces Français éleveroient les mêmes animaux, les mêmes végétaux que ceux de France; que les Français qui arriveroient successivement, trouvant le même climat, les mêmes alimens qu'en France, ne seroient pas exposés à ces mortalités qui, par le changement subit dans l'air et dans la nourriture, enlevent, dans l'année, environ un quart des débarqués; enfin parce que plusieurs de ces Indiens comprenant un peu la langue française, seroient en état de s'entendre, avec les Français, pour les cultures, les arts, les troupeaux, les chasses, les pêches et les divers besoins.

Les colons ne seroient pas repartis par ménages composés du mari, de la femme et de leurs enfans. A l'exemple des Indiens, les colons seroient rassemblés en une certaine quantité de chefs de familles : ces rassemblemens seroient au nombre de cinquante maris. La raison pour laquelle on rassemble ce nombre, c'est qu'on trouveroit dans le même rassemblement, ou dans une certaine quantité de rassemblemens voisins, des hommes instruits, chacun dans son genre de culture différent; d'autres instruits, chacun respectivement, dans les parties diverses qui concernent la construction; d'autres instruits, chacun respectivement, dans l'art de former les différens tissus et autres objets propres à vêtir, à armer, à fabriquer les instrumens divers pour la culture et les arts; d'autres instruits dans la cure des blessures, des maladies, &c.; que tout se trouve, que tout se fait aisément dans ce même rassemblement, parce que chacun de ceux qui sont respectivement instruits dans chaque art, dans chaque science, trouve, réciproquement dans les autres rassemblemens, des aîdes, ou des éleves: ce qui seroit d'autant plus facile que les divers rassemblemens voisins seroient en perpétuelle communication, tant pour ce qui concerneroit les travaux, les arts, les sciences, &c., que pour ce qui auroit rapport aux agrémens de la société: au lieu que si chaque individu étoit isolé avec sa femme dans son habitation, et avec son lot de terre, il n'auroit pas ces ressources que presente le rassemblement; il ne pourroit faire dans son habitation, sur son lot, que ce qu'il sauroit et pourroit faire. Quant aux autres choses, sur la fabrication desquelles il n'auroit pas de connoissances, ou pour la formation desquelles il n'auroit pas assez de forces, (car que peut faire un homme seul?) il faudroit ou qu'il se privât de ces choses, ou qu'il se les procurât, par la voie de l'échange, en objets ou en travaux. Est-il valétudinaire, foible? Sa maison, ses cultures sont mal tenues, tandis que dans l'habitation commune, la mauvaise santé, les maladies de plusieurs individus n'empêchent point le cours des exploitations qui, faites par plusieurs, ne pesent sur aucun. Sa maison et ses cultures sont-elles bien tenues? Elles ne peuvent pas présenter la même beauté que l'habitation commune : car on le répete, que peut, à cet égard, faire

un homme seul ? Est-il malade ? Il ne peut
avoir des secours ni si prompts, ni si assi-
dus. En santé, il ne peut, étant isolé, avoir
du côté de la table, du côté des agrémens
de la société, des plaisirs journaliers et va-
riés comme dans les rassemblemens. Dans
ses maladies, il lui faut, pour la tenue de
ses cultures, les mêmes secours que ceux
dont on a parlé plus haut. Meurt-il jeune ?
Il faut à sa femme et a ses enfans les mêmes secours et bien plus prolongés.

D'un autre côté, les raisons pour lesquelles on compose chaque rassemblement
de cinquante maris, c'est que les hommes
different de caractères et d'humeurs, ainsi
que les femmes ; que si les rassemblemens
étoient formés par un nombre bien moindre, il pourroit arriver que ce petit nombre d'individus fut composé de caractères
discordans, et qu'étant toujours en pré-
sence les uns des autres, la bonne intelli-
gence ne pût pas toujours s'y conserver ;
au lieu qu'entre cinquante hommes et cinquante femmes, il seroit bien plus aisé,
aux hommes entr'eux et aux femmes entr'elles, de trouver des caractères qui
simpatisassent ensemble, et qui se liassent
plus particulierement, soit pour les travaux,
soit pour les divertissemens communs :

la même observation a lieu à l'égard des garçons et des filles de ces rassemblemens.

Enfin chaque mari, ayant son appartement pour lui et pour sa famille, c'est la même chose, à cet égard, que s'il avoit une maison séparée : il y a même un grand avantage de plus, car, par cet arrangement, il a la liberté, ainsi que sa femme et ses enfans, de jouir de tous les agrémens du rassemblement, et la liberté de se tenir dans son appartement lors qu'il le juge à propos et que les travaux communs ne s'y opposent pas.

Les lieux où sont rassemblés et logés plusieurs de leurs chefs de familles, les Indiens de la Guyanne les appellent carbets. J'appellerai de même les rassemblemens que je propose. Ces carbets seroient composés, comme je l'ai dit, de cinquante chefs de famille, ils se régiroient par les anciens de chaque rassemblement ou carbet. Un certain nombre de rassemblemens ou carbets formeroit un canton; un certain nombre de cantons un district; un certain nombre de districts une contrée, et de certains nombres de contrées des républiques fédératives.

Ces cantons, ces districts, ces contrées et ces républiques fédérées seroient respec-

tivement conduites par des députés choisis pour un tems : le conseil général de
toutes ces républiques fédérées seroit formé de même.

Chaque rassemblement ou carbet seroit
propriétaire, sur la montagne, d'une quantité de terre suffisante pour fournir avec
abondance à ses divers besoins. Tous les
hommes de chaque carbet se livreroient
également aux travaux de l'agriculture et
des arts nécessaires et utiles ; ils se livreroient aussi, chacun respectivement suivant son goût et ses dispositions, aux
sciences nécessaires, utiles et agréables,
ainsi qu'aux arts agréables : les femmes aux
connoissances et aux occupations conve-
nables à leur sexe.

L'excédent des consommations de chaque carbet, tant pour ce qui concerne
les mêmes denrées que celles de l'Europe,
que pour ce qui concerne les denrées strictement coloniales, seroit livré dans les
magasins de la république pour être vendu
à l'étranger, par des préposés qui acheteroient de lui les choses nécessaires et utiles, lesquelles seroient réparties entre les
carbets, en proportion de ce qu'ils auroient fourni. Les carbets livreroient aussi
la quantité de ces denrées qui seroit fixée,

pour le prix en provenant être de même déposé dans le trésor public, et être employé aux dépenses générales et extérieures de la république.

Ces travaux de culture, des arts nécessaires et utiles ; ces sciences nécessaires, utiles et agréables, ainsi que les arts agréables, à exercer par tous les individus, pourroient d'abord effaroucher nos idées Européennes ; mais sans entrer ici dans des détails, soit sur l'agriculture, soit sur les arts nécessaires et utiles, car je veux être court, je dirai seulement que lorsqu'on considère qu'un homme peut en un jour labourer, à la charrue, un arpent de terre ; qu'il ne faut que deux ou trois de ces labours à la charrue (manière de cultiver la moins fatiguante et la plus expéditive) pour pouvoir ensuite ensemencer ; qu'un arpent de terre, ainsi cultivé, rapporte environ un muid de bled, c'est-à-dire le double de ce qu'un homme consomme annuellement ; lorsqu'on considère que dans les pays chauds dont il s'agit, les besoins sont beaucoup moins étendus que dans nos régions septentrionales, tant par rapport aux vêtemens, qu'aux chauffage, éclairage, &c., on sentira aisément que ces travaux de culture et des arts nécessaires et utiles ne prendroient qu'une partie du tems de ces colons, par la raison encore que tous travailleroient, et que le travail, ainsi reparti sur tous, ne surchargeroit personne; tandis que chez nous autres Européens, il n'y a que de certaines classes qui travaillent aux cultures, aux arts et sciences nécessaires et utiles; que d'autres classes ne sont occupées qu'à des travaux de luxe; d'autres classes qu'à des travaux qui sont relatifs à ce luxe; enfin que d'autres classes ne font rien, ou ne font que des riens.

Je viens de dire que la culture à la charrue est la moins fatiguante et la plus expéditive: par cette raison, toutes les cultures se feroient de cette manière, non seulement pour les bleds et autres grains; mais encore pour les vignes, comme cela se pratique dans quelques départemens de France. Elles se feroient de même pour les vergers, les légumes et autres ensemencemens et plantations, tant à l'égard des denrées semblables à celles de l'Europe, qu'à l'égard des denrées strictement coloniales. En conséquence on dirigeroit ces ensemencemens et plantations, de manière à s'accorder avec ce genre de culture; et on partageroit ces cultures entre les divers individus, de manière à prévenir la fatig

Quant aux moissons, aux vendanges et autres récoltes, on sait que les tems de ces travaux ont toujours été et sont partout des tems de réjouissances ; à plus forte raison seroient-t-ils tems de réjouissance pour des colons qui ne recolteroient que pour eux, et qui seroient les maîtres de diriger leur façon de recolter de manière à prévenir également la fatigue, ainsi que relativement aux différentes exploitations qui suivroient ces récoltes diverses, et relativement à tous les autres travaux.

Les travaux de cultures, de récoltes, et d'exploitations, les travaux relatifs aux sciences et arts nécessaires et utiles seroient dirigés les uns par les conseils des carbets, les autres, qui concerneroient la généralité, tels que les travaux pour les constructions de chemins, de digues, de chaussées, de ponts, les travaux des forges à fer et à acier, les fayanceries, les verreries, les constructions de forteresses, de vaisseaux, les pêches maritimes et autres semblables travaux, seroient dirigés par les divers conseils d'administration, de même que les enrôlemens et les exercices militaires, tant pour ce qui concerneroit la terre que la marine : objets sur lesquels on porteroit la plus grande attention. Comme

Comme il resteroit beaucoup de tems à ces colons, ils l'employeroient respective-ment, d'après mon principe de perfecti-bilité, chacun suivant son goût et ses dis-positions, à apprendre les différentes scien-ces, telles que la physique, la médecine, les mathématiques, l'astronomie, le génie, &c.; les différens arts, tels que la chi-rurgie, la peinture, la sculpture, la poësie, la musique, &c.

Le terrein affecté, sur la montagne, à chaque carbet seroit de trois mille arpens; il seroit divisé sur un plan plus long que large, de manière que chaque carbet eût une portion de terre sous la zone torride, une autre sous la zone tempérée, et une autre sous la zone froide; et cela pour que chaque carbet pût jouir des avanta-ges des trois zones, qu'il pût élever les animaux et les végétaux utiles des trois zones, tant les indigènes que ceux qu'on n'y a pas transportés, et qu'on y transpor-teroit successivement: comme, par exemple en animaux utiles, la renne, la vigo-gne, le bœuf à bosse, le chameau, l'éle-phant, &c.; nos cerfs, nos daims, nos sangliers, nos chevreuils, nos lievres, nos lapins, nos pigeons de fuie et ra-miers, nos tourterelles, nos perdrix rou-

ges et grises, nos faisans, les autru-
ches, &c. &c.

Les bâtimens principaux destinés à loger chaque rassemblement, seroient vastes et construits d'abord dans les plus belles
proportions. Par succession de tems, on
y ajouteroit les divers ornemens de peinture, d'architecture et de sculpture. Par
la suite encore, on construiroit d'autres
bâtimens, sous chaque zone, afin de pouvoir changer le domicile, suivant le changement des saisons, de manière à se procurer les avantages inestimables et les
agrémens d'un printems perpétuel. Ces
changemens de domicile, pour jouir de
ce perpétuel printems, n'exigeroient pas
un long trajet. Il s'agiroit de monter ou
de descendre environ une demi - lieue:
ces autres bâtimens seroient aussi construits d'après les plus beaux desseins; tous
les jardins seroient distribués dans les plus
belles dimensions, tant pour les points-
de-vue, que pour les promenades, les
eaux plates ou jaillissantes, les statues,
&c. : chacun de ces domiciles et jardins
seroit accompagné d'un bois.

Chaque individu du carbet auroit, dans
chacun de ces bâtimens, une portion suffisante pour le loger au large ainsi que sa
femme et ses enfans.

On pourroit regarder comme une chi-
mère, comme un rêve tout ce que je viens
de dire sur la magnificence des édifices et
des jardins; mais on cessera de penser
ainsi lorsqu'on réfléchira que ce sera l'ouvrage du tems, l'ouvrage de différentes
générations de cinquante hommes instruits,
qui n'auront d'autres choses à faire que de
se procurer successivement tous les agrémens possibles dans tous les genres. Diroit-
on qu'il y auroit le plus grand luxe ? Je
repondrois qu'il n'y a luxe que quand une
très-petite partie d'une société jouit avec
la plus grande abondance du superflu, tandis que la majeure partie manque de tout;
mais qu'il n'y a pas luxe quand tous jouissent, dans la plus parfaite égalité, du fruit
de leurs travaux communs.

La nourriture seroit choisie parmi les
viandes, les volailles, les légumes et les
fruits les meilleurs dans les trois zones,
indépendamment du poisson de mer, du
poisson d'eau douce et du gibier. Ces viandes et ces volailles seroient les mêmes que
celles de France; les légumes seroient les
mêmes, indépendemment de ceux du pays:
quant aux fruits, on verroit par la suite
sur les tables nos raisins, nos pommes,
nos poires, nos cerises, nos prunes, nos

pêches, nos figues, &c.; et on verroit sur ces mêmes tables les ananas, les melons en tous tems, les oranges, les citrons, les fruits du sapotillier, de l'avocat, du coupi, du balatas, du cocotier, du corossolier, &c. Dans les pays chauds, les glaces sont très-salubres; on en feroit donc un usage d'autant plus fréquent, qu'on en trouveroit perpétuellement dans le haut de la montagne.

Les vins des différentes espèces, provenans des vignes de diverses natures, apportées d'Europe et plantées sur différentes parties de la montagne, formeroient spécialement les boissons, indépendemment des autres connues, soit en Europe, soit dans le pays et dans les autres pays chauds.

Les tables seroient communes; mais cependant avec la liberté à chaque individu de manger dans son appartement en certaines circonstances.

Les vêtemens seroient commodes et élégans : il est inutile de dire que la préparation des alimens, des pâtisseries, &c., et la confection des vêtemens, seroient dans le lot des femmes.

Les plaisirs consisteroient principalement dans la musique vocale et instrumentale, la danse, les concerts, les drames, tant en prose qu'en vers et en musique; dans des expériences physiques, des discours sur les sciences et arts, la paume, les évolutions militaires, tant à pied qu'à cheval, la chasse, la pêche, les jeux sédentaires, tels que les échecs et autres : plaisirs dont plusieurs seroient aussi, comme on voit, des moyens pour l'instruction.

Quand à l'instruction, à laquelle on prépare et on conduit par plusieurs de ces plaisirs, la méthode en seroit fort simple, fort aisée et très-efficace. Les garçons et les filles s'instruiroient en entendant leurs pères et mères, en les voyant travailler, en travaillant avec eux : les garçons, aux différentes cultures et arts nécessaires et utiles; les filles, en voyant travailler leurs mères aux ouvrages de leur sexe, en y travaillant avec elles. Les garçons et les filles s'instruiroient, principalement les garçons, dans celles des sciences nécessaires, utiles et agréables, et dans ceux des arts agréables qui, respectivement, leur conviendroient et leur plairoient, en écoutant ceux qui en seroient respectivement instruits, en les voyant travailler, en travaillant avec eux. C'est de cette manière qu'en Europe, et à l'imitation des Grecs et des Romains, les apprentifs, les compagnons, les éleves se forment dans les métiers, arts et sciences.

Par tout le détail que je viens de faire, il est encore aisé de voir que, par la suite, les carbets seroient composés généralement de gens instruits; que, par la communication qui auroit lieu entre les différens carbets voisins, les lumières et le goût se repandroient infailliblement. On voit encore qu'il ne seroit pas possible que plusieurs gens instruits vecûssent perpétuellement ensemble dans chaque carbet sans s'entretenir de leurs sciences ou arts respectifs : or ces entretiens familiers, tenus soit dans les tables, soit dans les promenades, deviendroient, sans qu'on y pensât, des sources d'instruction et de goût, non-seulement pour les jeunes gens et pour les femmes, mais encore pour les hommes faits. Ne remarque-t-on pas que parmi nous les personnes qui vivent habituellement avec des gens instruits dans différens genres, acquierent une certaine fleur d'esprit, un certain goût, quoiqu'elles n'ayent fait aucunes études ?

Par tout ce détail, il est encore aisé de voir que, si on isoloit chaque chef de famille sur son habitation et ses cultures, avec sa femme et ses enfans, ni lui ni eux ne pourroient jouir de tous les avantages dont je viens de parler; que cependant il auroit, étant seul, infiniment plus de peine dans ses travaux; qu'étant seul il seroit exposé à l'ennui ainsi que sa femme et ses enfans, et que le corps de la république, qui ne seroit composé que de pareils ménages, ne seroit ni si fort ni si florissant.

Comme la population feroit de rapides progrès, en raison du bonheur général, et que, conséquemment, il faudroit de nouveaux carbets et de nouvelles cultures pour les nouveaux essaims successifs, on s'occuperoit annuellement, dans chaque carbet, à en préparer de nouveaux sur les montagnes, ainsi que des cultures, (pendant une longue suite de siecles, le terrein ne manqueroit pas,) et à envoyer annuellement dans ces nouveaux carbets l'excédent de la population, en observant de laisser toujours dans l'ancien carbet les branches aînées, si elles le désiroient.

L'un des principes de la nouvelle république seroit de propager le bonheur. Elle enverroit donc habituellement chez les peuplades Indiennes environnantes et de

proche en proche , pour cultiver leur ami-
tié , par des présens et autres bons trai-
temens, et obtenir de leurs enfans mâles
et femelles de l'âge de cinq à six ans. Ces
enfans seroient répartis dans les carbets
de la république , élevés et traités comme
les autres enfans de ces carbets , et com-
pris dans le nombre de ceux qui seroient
envoyés en possession des nouveaux carbets. Un pareil traitement , lorsqu'il seroit
connu des différentes nations Indiennes,
feroit qu'elles viendroient elles - mêmes
offrir leurs enfans , qu'elles n'attendroient
pas qu'on vînt les chercher.

Le Chevalier Penn, pour légitimer la
possession qu'il prenoit des côtes maritimes de l'Amérique septentrionale où il a
établi sa colonie, s'accorda avec les Indiens qui les occupoient , et leur paya le
prix convenu. La manière qu'on vient de
proposer , pour indemniser les Indiens,
dont il s'agit , et pour légitimer l'occupation, par des étrangers, d'une partie du
territoire de ces Indiens , leur seroit , comme on voit, incomparablement plus avantageuse.

La renommée de la félicité dont on jouiroit dans la nouvelle république, ne manqueroit pas de se repandre en France et

en Europe, et d'attirer des Français et d'autres Européens. La république nouvelle feroit préparer pour eux, sur les montages, des commencemens de carbets, des commencemens de cultures. On auroit attention de placer dans les mêmes carbets ceux qui auroient le même culte religieux. Quelques vieillards seroient envoyés pour instruire ces nouveaux arrivés sur les cultures, les travaux, les mœurs et les lois.

L'instruction sur les lois ne seroit pas longue : car il faut peu de lois à des frères, à des cousins qui ont une propriété indivise, qui vivent en communauté de biens, de cultures, de travaux et de produit ; où chacun n'est et ne peut être plus riche que l'autre ; où chacun vit, dans une égale et commune abondance, du produit des récoltes et des arts ; où chacun met en communauté ses talens, celui-ci les talens qu'il a pour la conservation de la santé, celui-là pour le charme de la poësie, un autre pour la peinture, un second pour la sculpture, ce troisième pour la musique vocale, ce quatrième pour les instrumens ; où chacun jouit également et de son travail, de son talent, de sa science, et du travail, du talent, de la science des au-

tres. Il est clair que dans une pareille société il ne faudroit que peu de lois; que
les mœurs seroient bonnes, douces, aiman-
tes et aimables; qu'il ne faudroit que de
simples regles de bienséance, de conve-
nance et de politesse: celles qui dérivent
naturellement du respect pour les vieillards
et pour ceux qui seroient ou les plus ver-
tueux ou les plus instruits, du respect pour
les femmes mariées, pour les jeunes filles.
Ce seroit aux passions relatives à l'amour,
ce seroit par rapport à la colère, à l'empor-
tement et à leurs suites ; ce seroit par rapport à la paresse, &c. qu'il faudroit des lois.
Les sauvages en ont sur ces objets ; il ne seroit question que de les adopter aussi, en
y portant également le même perfectionnement. D'ailleurs, les divers cultes religieux
qui seroient exercés, contiennent des lois
sur ces divers objets; mais il faudroit des lois
pour le régime, l'administration de la république, ainsi que pour ce qui concerneroit la
partie militaire, tant de terre que de mer.

Comparons ce tableau avec nos nations
Européennes et autres. Nous voyons chez
elles une certaine quantité de gens plus ou
moins riches, une certaine quantité de gens
plus ou moins aisés, soit par leurs biens, soit
par leur commerce ou profession : le reste ,

c’est-à-dire les deux tiers ou environ de la nation n’ont que quelques petites propriétés, soit réelles soit mobiliaires; mais insuffisantes pour les faire vivre, s’ils n’y joignoient le travail de leurs bras, les uns comme fermiers de biens ruraux, les autres comme artisans, &c.; d’autres, et la quantité en est très-grande, n’ont absolument que leurs bras et ne peuvent vivre qu’en les employant comme compagnons, comme vignerons, comme jardiniers, comme serviteurs ou domestiques, soit de ville soit de campagne, comme terrassiers, comme journaliers, comme porte-faix, &c. Ces hommes vivent la plupart dans la misère, ainsi que leurs femmes et leurs enfans: plusieurs de ces hommes finissent par être mendians. Chez ces nations on regarde, avec raison, comme de beaux établissemens ceux dans lesquels on reçoit et on nourrit quelques-uns de ces individus, hommes ou femmes, qui ne peuvent plus travailler; dans lesquels on reçoit et on éleve quelques-uns des enfans de ces infortunés.

De cette énorme disproportion dans les fortunes naît une très-grande jalousie du pauvre à l’égard du riche, naît une grande ardeur d’acquérir d’abord de l’aisance, et ensuite des richesses le plus qu’il est possible ; de cette ardeur , souvent effrénée , naissent l'envie entre les différens citoyens , entre les différentes professions , les procès sans nombre , les calomnies , les haines , les tromperies , les fourberies de tous les genres , les vols , les assassinats : enfin les échaffauds et les supplices.

On ne pourroit jamais rien voir de semblable dans la république proposée. Ses membres vivant tous également dans la plus grande abondance de toutes choses , par la culture de leurs propriétés indivises, il ne pourroit y avoir à cet égard aucune jalousie ; aucun individu ne pourroit avoir l'ambition d'acquérir ce qu'on appelle des richesses , il ne pourroit même en concevoir l'idée : car vivant tous en commun dans cette grande abondance de toutes choses , et sachant que leurs rejettons jouiroient du même bonheur jusques dans la postérité la plus reculée, quelles autres richesses acquerroit-il ? Pourroit-il en acquérir qui le missent en état de jouir , ainsi que sa postérité la plus reculée , de cette magnificence dans les tables , dans les édifices , les jardins, les plaisirs ; de ces soins dans les maladies : magnificence que des princes même ne pourroient pas se procurer toujours et qu'ils ne pourroient pas , comme ces républicains , se flatter de transmettre à leur postérité ?

Nous autres , Européens , sommes si fort entêtés de nos idées que quelques-uns de mes lecteurs seroient portés à regarder comme purement imaginaire tout ce que je viens de dire sur la communauté de biens et de travail , ainsi que sur ses magnifiques résultats. Mais je prie de considérer , sans humeur , sans prévention , que je n'imagine , que je ne crée rien , que je n'établis rien ; mais que fidèle à mon principe de perfectibilité , je ne fais seulement que perfectionner ce qui existe déjà , et que je ne le fais que par dés moyens fort simples et fort aisés.

Et en effet , les sauvages , comme je l'ai dit , sont libres et égaux , ceux de la Guyanne française comme les autres. Mon plan les laisse libres et égaux : je n'imagine donc rien de neuf.

Ils vivent en communauté du produit de leurs chasses , de leurs pêches , de quelques cultures de magnoc. Le plan les laisse vivre dans cette communauté ; mais comme il arrive souvent que leurs pêches et leurs chasses sont mauvaises , que leur peu de cultures sont endommagées par les animaux , les insectes , les intempéries , d'après le plan, des Français qui viennent s'établir parmi eux leur donnent des connoissances pour perfectionner leurs pêches, leurs cultures, les multiplier et en rendre le produit plus abondant: il n'y a point là de création, il n'y a que perfectionnement.

Ils ne cultivent qu'avec de mauvais instrumens, ce qui est très-long et très-fatiguant, surtout dans un pays aussi chaud. D'après le plan, ces Français leur apprennent à cultiver à la charrue, dont le travail est infiniment meilleur, plus aisé et plus expéditif: il n'y a là que perfectionnement.

Ils ne cultivent que du magnoc; et quand il ne réussit pas, ils souffrent de la faim. Pour prévenir ces souffrances, ces Français leur apprennent à ensemencer le froment, le seigle, l'orge, le riz, les feves, les pois, les légumes; ils leur apprennent à moûdre ces bleds, à faire du pain; ils leur apprennent à faire usage du riz, des feves, des pois, des légumes: dans tout cela on ne voit que perfectionnement.

Leurs chasses et leurs pêches peuvent être abondantes; mais le produit se gâter par la chaleur du climat. Les Français leur apprennent à conserver ce produit, en leur enseignant à faire du sel, des salaisons, et des caves pour déposer ces salaisons : cela n'est encore que perfectionnement.

Leurs chasses et leurs pêches peuvent être et sont souvent insuffisantes. D'après le plan, ces Français leur donnent le bœuf, le mouton, le cochon, les chèvres, la volaillé; ils leur apprennent à les soigner, à les multiplier : il n'y a point encore là de création, ce n'est que perfectionnement; et toutes les choses dont je viens de parler ont été exécutées par différens Indiens, lorsqu'on les leur a apprises.

Ils établissent leurs logemens sur les bords de la mer ou des rivières. Ces différens rivages sont couverts de bois très-hauts, très-touffus et dans une très-grande étendue. L'air ne peut donc y circuler; il y est chaud, humide et mal sain : causes d'où viennent, en partie, la foiblesse de ces Indiens, leurs maladies, la briéveté de leur vie. A quarante ans ils sont vieux; il en est peu qui poussent leur carrière au-delà de cinquante ans. Par ces raisons, et d'après le plan, ces Français les engagent à fixer leurs logemens sur les montagnes où ils jouiroient d'un air frais, vif, pur et délicieux, où leur santé deviendroit robuste, où leurs facultés physiques et in-

tellectuelles acquerroient d'autant plus d'é-
nergie et de ressort, où leur existence
dureroit presque le double. Il n'y a pas
encore là de création ; ce n'est que perfectionnement.

Leurs maisons qu'ils appellent carbets,
sont des especes de hangards. Au lieu de
ces hangards, ces Français, d'après le
plan, commencent avec eux des domiciles
solides, commodes, vastes, d'après les plus
belles proportions, sauf à ajouter, par succession de tems, les décorations de l'intérieur et de l'extérieur. Dans tout ceci il
n'y a point de création ; le plan ne fait
donc toujours que perfectionner, et par
des moyens fort aisés : car il ne faut pas
oublier que ce qui est difficile à un homme
seul ou à des hommes isolés, devient
très-facile, par succession de tems, à cinquante hommes rassemblés parmi lesquels
il y auroit des Français instruits dans les
différentes sciences et arts.

Dans leurs guerres, les Indiens ont pour
armes des fléches et des especes de massues.
Le plan leur donne nos armes, après leur
établissement dans les carbets de la nouvelle république.

Dans leurs maladies, leurs fractures,
leurs blessures, ils ont des especes de mé-
decins

decins, mais sans la moindre instruction.
Le plan leur en présente à qui est ouverte
toute celle qu'on a pu acquérir jusqu'à présent.

Plusieurs de ces Indiens menent une vie
triste, morose, farouche. Ils connoissent
cependant une espece de musique et d'instrumens de musique, des danses. Le plan
perfectionne tout cela par notre musique
vocale et instrumentale, par nos danses.
Ces arts agréables, et autres dont on a
parlé, donneroient aux facultés de ces Indiens plus de développement et de ressort.
Ils donneroient en même-tems aux Indiens
plus de gaîté et de douceur. Dans tout ce
que je viens de dire il n'y a donc point
encore de création; il n'y a toujours que
perfectionnement.

D'un autre côté, examinons les choses
relativement aux Européens. Supposons
qu'il se forme en France une association
composée de deux ou trois de nos labou-
reurs, d'un vigneron, d'un jardinier, d'un
maréchal, d'un taillandier, d'un serrurier,
d'un tailleur de pierre, d'un charpentier,
d'un tisserand, d'un potier, d'un tonne-
lier, &c. et de leurs familles; supposons
que cette association passe en Guyane,
sur la montagne dont il s'agit; que ces

associés admissent parmi eux quelques jeunes Indiens moyennant les conditions
qu'ils feroient avec eux ; n'est-il pas évident que ces associés qui n'auroient à payer
ni ferme, ni loyer, ni aucunes prestations
quelconques, vivroient de leurs travaux
communs, et comme propriétaires indivis,
dans la plus grande abondance, et commenceroient avec facilité l'établissement
du carbet proposé ; que leurs enfans seroient en état de commencer à lui donner le perfectionnement desiré, lorsque
quelques-uns d'eux se seroient respectivement instruits dans les sciences, arts libé-
raux et métiers dont j'ai parlé ; que ces
jeunes gens seroient en état de communiquer les mêmes connoissances dans les
autres associations ou carbets qui seroient
de même formés : l'hypothèse de cette
association est-elle donc difficile à réaliser ?

Actuellement que nous avons la paix,
ne seroit-il pas au contraire fort aisé à
différentes personnes en France de faire
les conventions qu'il leur plairoit avec
des cultivateurs et des ouvriers tels que
ceux dont je viens de parler, pour passer
avec elles en Guyane, sur la montagne,
s'y associer de même quelques jeunes In-

diens, et y trouver tous l'abondance et
le bonheur; mais à la charge que, dans
ces conventions, on en reviendroit ensuite à l'exécution de la communauté de
biens?

Il est donc vrai de dire, comme je l'ai
avancé, que le plan ne crée rien, qu'il
ne fait que perfectionner; qu'en perfec-
tionnant ainsi ce qui commence à exister,
les Indiens ainsi que les Français qui viendroient s'établir avec eux sur les montagnes de la Guyane, jouiroient par la suite
avec la plus grande facilité et dans la plus
grande plénitude, de tous les grands objets de félicité que leur procureroit la communauté de biens, de travaux et de produit que demandoit Platon dans sa république, et après lui Montesquieu.

Quelques personnes seroient-elles dé-
goûtées par le travail des cultures et des
arts? Mais je les prie de considérer que
ce travail est de tous les travaux le plus
digne de l'homme. Les Égyptiens, les anciens Perses en avoient fait un objet de re-
ligion. Le second Cyrus, élevé dans tout
le luxe asiatique, montrant à un Grec ses
magnifiques jardins et les arbres qui les
décoroient, lui disoit que tous ces arbres
avoient été plantés de ses propres mains.

*

De tems immémorial jusqu'à présent, les empereurs de la Chine labourent eux-mêmes, à la charrue, un certain espace de terrein, le jour destiné à ce travail. Tout le monde sait que plusieurs grands généraux romains ont été pris à la charrue ; mais j'ajoute la réflexion que voici.

Presque tous ceux qu'en Europe on appelle seigneurs ou gros riches s'occupent journellement de la chasse ; mais il est constant qu'ils ont journellement beaucoup plus de fatigue à cet exercice, que n'en auroient les associés ou membres des carbets, pour leurs portions dans leurs cultures et autres travaux ; que ces seigneurs ou gros riches ne jouiroient pas d'autant d'agrémens que ces associés, tant du côté du climat, de l'habitation, du côté de la table, de la société, des divers plaisirs, musique, danses, drames, &c. ; enfin qu'ils ne jouiroient pas comme eux de la certitude qu'auroient ces associés que tous leurs rejetons jouiroient des mêmes avantages jusques dans la postérité la plus reculée, puisqu'à ne parler seulement que des partages successifs entre les enfans et les petits-enfans de ces seigneurs ou gros riches, il arrive que, par ces partages successifs, plusieurs de leurs petits-enfans tombent dans l'indigence.

Je vais actuellement présenter les moyens par lesquels je proposerois de faire,
sous la protection du gouvernement, les
commemcemens de la république dont il
s'agit.

La paix générale nous est rendue. Beaucoup de rentiers, beaucoup de propriétaires ont fait de grandes pertes par les
événemens relatifs au papier-monnoie et
au grand livre; le projet que je propose
leur présenteroit les moyens de se procurer en Guyane, ainsi qu'à leurs enfans et
à leur postérité la plus éloignée, l'abondance et le bonheur dont j'ai fait voir la
certitude.

En 1792, et d'après un *prospectus* imprimé, il y eut une association formée par
des Français et autres chez le c^en. Lambot,
notaire à paris, pour la possession et l'exploitation de six cent mille acres (environ
neuf cents mille arpens) de terres incultes,
situées dans l'état de New-York, sur le lac
Ontario. Par cette association, les pos-
sessions sont divisées par lots de cent acres
(environ cent cinquante arpens). Chaque
action ou lot s'est vendue huit cents francs.
Une portion de cette somme étoit destinée
aux frais de défrichement, d'établissement
et d'exploitation : ces lots ont été promp-

tement acquis, et se revendent aujourd'hui moyennant un très-gros profit.

L'établissement que je propose seroit bien plus favorable, surtout pour des Français. Et en effet, les rivières qui, des terres dont je viens de parler, se rendent dans le lac Ontario ou dans la mer, sont gelées pendant environ cinq mois. On ne peut cultiver dans ces terres que les productions des pays froids. Eu égard aux brouillards et à l'humidité, vers le retour de la chaleur, ces régions ne sont pas fort saines; au lieu que sur les montagnes de la Guyane, on jouiroit de l'air le plus sain, des plus délicieuses positions de la nature; qu'on jouiroit pendant toute l'année, si on vouloit, d'un perpétuel printems; qu'on pourroit élever tous les animaux et tous les végétaux utiles, non-seulement de l'Amérique septentrionale et de l'Europe; mais encore, vers le bas de la montagne, tous les animaux et les végétaux utiles des pays chauds, tant les indigènes que ceux qu'on auroit soin de transporter successivement, dans la nouvelle colonie.

Il y a encore d'autres raisons de préférence en faveur de cette nouvelle colonie. Il en coutoit huit cents francs pour l'acquisition d'un lot de cent cinquante arpens de terre inculte sur le lac Ontario. Par mon projet, une association en a gratuitement trois mille. Lorsque l'acquéreur a eu payé huit cent francs pour chaque lot, il ne lui reste pas d'autre perspective que cette propriété; mais dans mon projet, les membres de chaque association ont la certitude que leur arrière-petits-enfans, jusques dans la posérité la plus reculée, auront le droit d'avoir gratuitement et successivement, pendant un long cours de siecles, de semblables propriétés indivises de trois mille arpens de terre, en continuant les mêmes associations; qu'ils jouiroient du même bonheur que celui dont ils auroient joui.

Si le *prospectus* pour les terres sur le lac Ontario a été exécuté; à plus forte raison, et d'après les différentes considérations que je viens d'offrir, mon projet doit-il être accepté?

Passons aux moyens d'excuter le plan que je présente: ces moyens sont simples et faciles.

Le présent mémoire ou proposition seroit imprimé, pour le rendre public: on l'a fait le plus court possible, afin d'en rendre l'acquisition d'un prix d'autant moins coûteux. Il seroit annoncé ainsi que ce prix, dans les feuilles périodiques. Les personnes qui s'intéresseroient à l'exécution du plan, sont priées de se faire connoître par la feuille intitulée *le Publiciste*, ou autre. Elles y inséreroient en peu de mots leurs observations, leurs idées. J'y repondrois par cette feuille; et ces personnes prendroient avec moi les mesures nécessaires pour obtenir que la république française protégeât l'établissement dans les montagnes de la Guyane, de la république dont il s'agit.

La Guyane française, depuis le fleuve Maroni qui la sépare de la Guyane hollandaise, jusqu'à la rivière Carapanatuba qui se jette dans l'Amazone, et qui, par le dernier traité, la sépare de la Guyane portugaise, contient environ cent soixante lieues de long, sur les côtes de la mer; et d'après la plupart des auteurs, elle contient environ trois cents lieues de largeur ou profondeur depuis les côtes de la mer jusqu'au Rionegro, rivière qui la borne, du côté du couchant, avec la Guyane espagnole.

Il y a plus de cent cinquante ans que des Français avoient commencé à s'établir sur quelques cantons maritimes de la Guyane et dans la très petite île de Cayenne, qui ne forme qu'un point dans cette vaste région. Le gouvernement avoit fait de très-grandes dépenses ; mais des fautes bien plus grandes encore et bien douloureuses. Dans le moment actuel, la population n'excede pas neuf cents blancs, en y comprenant ceux de Cayenne.

Les Français qui passent aux îles et dans nos autres établissemens de l'Amérique méridionale, n'y vont que dans l'espoir d'y faire ce qu'on appelle une prompte fortune, et de revenir en jouir en France. Dans cet espoir, ils ne s'établissent que dans les lieux voisins des côtes de la mer, parce que s'ils s'en éloignoient, le transport par terre des denrées qui leur viendroient d'outre mer en augmenteroit trop le prix, et que de même le transport à la mer de leurs denrées coloniales, s'il se faisoit par terre, leur seroit trop coûteux pour qu'ils pussent tirer de ces mêmes denrées coloniales le même profit que les colons voisins de la mer.

Les rivières, en Guyane, ne peuvent être d'aucune ressource pour des voyages un peu longs, parce qu'elles sont barrées, de distance en distance, par des sauts ou cataractes qui obligeroient à des portages, c'est-à-dire, à porter par terre les denrées dans un autre bateau par-delà le saut ou cataracte. Les cultures ne pourroient donc s'étendre à cinquante lieues loin de la mer : en supposant que la Guiane parvint un jour au plus haut point de prospérité.

Par cette raison de la difficulté et de la cherté des transports par terre, on voit sur la carte de la Guyane-Hollandaise, qu'il s'en faut beaucoup que ses cultures s'étendent à cinquante lieues de la mer, à moins que ses cultures ne soient établies dans le voisinage des fleuves dont les sauts soient éloignés de l'embouchure de ces fleuves dans la mer. On voit de même sur les cartes des îles françaises, angloises et des autres nations, qu'il n'y a de cultivé que les terres voisines de la mer, parce que les rivieres de ces îles ne sont pas navigables pendant un assez long cours, que d'autres ne le sont, dans un très-court trajet, que dans la saison des pluies, et que le transport par terre à la mer seroit trop dispendieux. Il faudroit donc une longue suite de siecles pour qu'indépendemment de Saint-Domingue et de leurs autres îles, les Français couvrissent la Guyane de cultures dans l'étendue de cent soixante lieues, le long de la mer, sur la largeur ou profondeur de cinquante lieues, puisque depuis cent cinquante ans, ils n'y sont encore qu'au nombre de neuf cents, tout au plus, qu'ils n'en connoissent pas toutes les parties, même dans cette profondeur de cinquante lieues seulement, le reste leur étant absolument inconnu : les cartes n'en ayant été dressées que sur le rapport de quelques Indiens, de quelques missionnaires, sur ce qu'ils avoient vu on entendu dire.

D'un autre côté, le gouvernement français est persuadé, comme le chevalier Penn et comme nos publicistes, que la terre appartient à ceux qui en sont originaires et qui l'occupent : or une partie des nations indiennes se sont retirées et se retirent journellement dans l'intérieur de la Guyane. Le gouvernement regardera donc qu'il est de toute justice de les laisser paisibles propriétaires de ces contrées intérieures. Le gouvernement a protégé en Europe, a créé des républiques dont il s'est formé comme un rempart : le gouvenement ne s'opposeroit donc pas à ce que des Français portassent, à leurs frais, chez les Indiens, la civilisation, l'instruction, les lumières, les vertus morales; qu'ils y établissent la république de Montesquieu, et qu'ils s'y procurassent les propriétés qui leur manquent.

Enfin, cet établissement seroit extrêmement avantageux à la colonie française, en ce que, sans qu'il en coutât rien au gouvernement, elle auroit sur ses derrières une république civilisée et composée en partie de Français, qui lui serviroit aussi de rempart ; au lieu d'avoir des Indiens souvent farouches et quelquefois rendus féroces par le récit des cruautés commises contre leurs ancêtres : renommée de férocité qui a toujours empêché les Français de s'avancer dans l'intérieur de la Guyane pour en prendre connoissance.

Pour parvenir à ces contrées intérieures, dont j'ai parlé, il n'est pas possible actuellement que des Français qui voudroient s'associer à l'exécution du plan, prissent d'autre voie que par la Guyane Française, afin d'y trouver les secours nécessaires, d'abord en Indiens qui ont déjà reçu un commencement de civilisation, et dont plusieurs louent quelquefois leurs services aux colons français ; et ensuite en alimens, en bestiaux et volailles à élever, grains, graines, plans à semer et à planter, et autres objets qu'ils acheteroient soit à Cayenne, soit dans le canton d'Ouyapoc.

Les Français ne pourroient parvenir actuellement à ces contrées intérieures dont il s'agit, puisque ces régions et celles qui y conduisent sont inconnues aux colons de la Guyane et aux Indiens qui vivent dans leur voisinage. Il faudroit donc trouver dans l'intérieur des terres une montagne où pussent se rendre les Français qui viendroient exécuter le plan. Il faudroit que cette montagne fût assez éloignée de la mer pour qu'elle ne pût jamais être utile à la colonie française ; que cette montagne fût le commencement d'une chaîne de montagnes qui se prolongeât dans l'intérieur ; enfin il faudroit que dans la mer, près l'Ouyapoc, se trouvât l'embouchure d'un fleuve qui prît naissance dans le voisinage de cette montagne.

Il en est une qui réunit toutes ces qualités : elle se nomme la montagne Oucaillary. Elle n'est connue que par le rapport des Indiens de ces cantons et des anciens missionnaires. Elle est éloignée de la mer d'environ soixante lieues, et conséquemment à une distance trop grande pour qu'elle puisse jamais être de quelque utilité à la colonie française. Elle forme le commencement d'une longue chaîne de montagnes qui se prolonge dans l'intérieur. Enfin dans le voisinage de cette montagne Oucaillary, prend sa source le fleuve Couripy qui se jette dans la mer, près l'embouchure de l'Ouyapoc, et au midi de l'Ouyapoc. Il n'y a aucun établissement de colons français depuis le fleuve de l'Ouyapoc jusqu'au fleuve des Amazones, ni conséquemment sur le Couripy; et il n'y a actuellement dans l'établissement d'Ouyapoc que cinquante Français, tout au plus, tant hommes que femmes.

Ce seroit sur cette montagne Oucaillary qu'il seroit demandé au gouvernement qu'il ne s'opposât pas à ce que ces Indiens et ces Français commençassent leur établissement.

Pour y commencer cet établissement, les personnes à qui le plan conviendroit soit entre parens, soit entre amis mariés ou l'ayant été, se réuniroient pour dresser, sous leurs signatures privées, un acte d'association conforme au présent projet : ces associations seroient composées de dix hommes au moins.

Les associés residant en France donneroient promptement, par l'un des membres de chaque association, avis de cette association à l'auteur de la feuille périodique, ci-devant désignée, pour qu'il en fît mention dans sa feuille.

Sur ces avis, les différentes associations nommeroient un agent en France : cette nomination se feroit à Paris, par des fondés de pouvoir résidant à Paris, au jour qui seroit indiqué, et à la pluralité dessuffrages.

Pour parvenir à cette nomination, les fondés de pouvoir donneroient, sans delai, avis de leurs mandats à l'auteur de la feuille périodique, ainsi que leurs demeures à Paris, afin qu'il en fît mention dans sa feuille.

Sur cette connoissance, et lorsque la feuille auroit annoncé trois fondés de pouvoir, et dans la huitaine de l'annonce du troisième pouvoir, celui qui, le premier, auroit donné à l'auteur de la feuille connoissance de sa procuration, convoqueroit chez lui, par billets à domicile, l'assemblée des autres fondés de pouvoir, pour cette assemblée se tenir un mois après. Il convoqueroit de même, et ensuite, les fondés de pouvoir qui se feroient connoître pendant cet intervalle. Enfin dans les trois jours de la convocation, il donneroit avis de cette convocation à l'auteur de la feuille, pour qu'il en fît mention.

Après la nomination de l'agent, chaque mandataire en donneroit avis à ses mandants ; et l'agent présenteroit au gouvernement une adresse pour lui faire part de sa nomination, et lui demander sa protection en faveur des associés. Il instruiroit ensuite du tout l'auteur de la feuille, pour qu'il en fît mention, Il seroit pris ensuite entre les commettans et l'agent telles mesures qui conviendroient relativement aux opérations ultérieures.

Toute association, composée au moins de dix hommes mariés ou l'ayant été, demeureroit autorisée à se mettre en possession de trois mille arpens de terre, sur le mont Oucaillary, ci-devant désigné. Cette association de dix hommes au moins représenteroit un rassemblement ou carbet, qui seroit composé par la suite de cinquante hommes mariés.

Les associations qui se mettroient en possession, sur le mont Oucaillary, chacune de ses trois mille arpens de terre, en feroient dresser, repectivement entre elles, un acte d'arpentage et bornage. Elles auroient soin de former chaque lot de trois mille arpens, sur un plan plus long que large, pour que chaque lot eût à-peu-près par égale portion, une partie de terrein sous la zone torride, une partie sous la zone tempérée, et une partie dans le canton de la zone froide, où il seroit possible d'élever les animaux et les végétaux de cette zone.

Comme tous citoyens français auroient le droit de former des actes d'associations, et pourroient en conséquence en former pour acquérir la propriété et la possession de trois mille arpens de terre, sauf à faire usage ou non de cette propriété, nulle association ne seroit regardée comme propriétaire, ne seroit admise à l'arpentage et bornage, à la formation du lot, et à cette mise en possession qu'autant que cette association seroit provisoirement représentée au moins par quatre de ses membres présens, ou par six travailleurs mariés, soit blancs, soit Indiens, soit noirs; tous lesquels seroient ensuite habituellement occupés de cultures et exploitations sur ce lot.

Pour former ces lots, les commencemens de carbets, de cultures et exploitations, chaque association ou ses représentans se pourvoiroient à Cayenne et dans le canton d'Ouyapoc des alimens nécessaires à la subsistance. Ele se pourvoiroit aussi des grains, graine s plants, noyaux, oignons, des divers végétaux de France et de la Guyane, ainsi que de souches des différens bestiaux et volailles; enfin elle se pourvoiroit des outils et instrumens nécessaires à la culture et à la construction. Elle feroit marché avec des Indiens de ces cantons pour transporter ses membres avec leur bagage et provisions sur le Couripy, dans leur canots, vers le mont Oucaillary: ces Indiens les savent très-bien conduire, et ils louent souvent leurs services aux Français pour différens objets de culture, d'exploitation et de construction. Les associations, respectivement, les loueroient donc aussi, concurremment avec des noirs, pour abbattre, arracher, défricher, cultiver, planter, ensemencer, recolter; pour construire des asyles provisoires, des bateaux, &c.

Dans une contrée qui n'est pas fort éloignée de la montagne Oucaillary, il y a une peuplade d'Indiens qui n'ont d'autre occupation que de pêcher dans la mer et sur ses rives, et de vendre le produit de leurs pêches. Ces associations feroient, respectivement, des marchés avec ces pêcheurs, et à ce moyen elles se pourvoiroient de poisson de mer sallé très-

excellent pour la nourriture ; d'autre poisson dont l'huille est bonne dans de certains arts, et d'autre bonne à bruler.
D'autres Indiens des environs s'occupent
à pêcher dans les rivières et à aller à la
chasse. Ces associations acheteroient d'eux
du poisson d'eau douce, du gibier, différens légumes, différens fruits. Tous ces
divers alimens mettroient ces associés en
état d'épargner d'autant leur bétail et leur
volaille, et de leur donner le tems de se
multiplier. Ces associations acheteroient
encore de ces Indiens différens fruits,
servant soit à faire les boissons du pays,
soit à faire des huiles pour la table ; et
l'on multiplieroit ces fruits par des plantations, pour s'en servir jusqu'à ce que
le houblon, la vigne et l'olivier, qui seroient multipliés sur la montagne, fussent
en état de rapporter. On y planteroit
aussi nos différens pommiers et poiriers,
ceux aussi qui sont propres à faire du cidre
et du poiré.

A l'aide de ces Indiens et de ces noirs,
ces associations construiroient des asyles
provisoires. Elles creuseroient dans la montagne des caves pour y conserver les choses qui exigent de la fraicheur. Elles feroient défricher ; elles y feroient ensuite

planter et ensemencer les plants et semences dont ce seroit la saison respective
dans les différens climats de la montagne. Elles feroient préparer des terres
pour les plants et semences des saisons
ultérieures respectives ; c'est-à-dire qu'elles
feroient préparer les différentes terres,
non-seulement pour les végétaux du pays,
mais encore pour tous ceux de la France,
tels que ses bleds et autres grains, ses
légumes, ses chanvres, ses lins, ses arbres et arbres fruitiers des différentes especes ; ses arbres utiles, tels que ses chê-
nes, ses ormeaux, ses mûriers pour les
vers à soie, &c.; et les végétaux utiles
des autres régions, à mesure qu'elles pourroient les tirer de ces autres régions ou
du jardin des plantes à Paris. On a déjà
tiré de l'Inde des poivriers et des gerof-
fliers qu'on cultive en Guyane depuis quelques années ; les colons s'en procureroient
quelques graines pour commencer à cultiver cette branche de richesses par la suite.
Par la suite encore on continueroit les re-
cherches qui ont été commencées par Marg-
Grave et Barerre sur les animaux, les végétaux, l'histoire naturelle de la Guyane.

Tant pour encourager que pour diriger
les Indiens et les noirs, les associés à

qui l'âge et les forces le permetrtoient,
se mettroient, de tems à autres, à leur
tête pour travailler avec eux, surtout dans
la partie de la montagne dont le climat
correspond à celui de la France. Ils exa-
mineroient sur leurs lots dans la montagne
quel seroit le site où, dans l'hiver, on
jouiroit d'une chaleur modérée, et quel
seroit l'autre site où, dans l'été, on jouiroit de cette même chaleur. Dans ces deux
sites qui pourroient être éloignés l'un de
l'autre d'une demi-lieue ou trois quarts de
lieue en hauteur, les associés construiroient, provisoirement, à l'aide des Indiens et des noirs, des logemens en bois.
Les associés donneroient habituellement
avis de leurs travaux à l'agent, pour en
informer le gouvernement ; l'agent en donneroit ensuite avis à l'auteur de la feuille
périodique, afin qu'il en fît mention dans
sa feuille.

Lorsque sur le mont Oucaillary il y
auroit trois associations ou carbets établis,
chacun de ces carbets, composé au moins
de dix hommes mariés ou l'ayant été,
(association représentant un carbet ou ras-
-semblement qui seroit composé par la
suite de cinquante hommes mariés) ces
trois associations nommeroient, entre

leurs membres, trois députés pour administrer provisoirement et pendant trois ans la chose publique. En conséquence, ces députés entretiendroient correspondance avec l'agent en France. Ils demanderoient à l'agent les choses qui seroient nécessaires à la nouvelle république ; en hommes d'abord, tels que des citoyens instruits dans les sciences nécessaires et utiles, dans les arts nécessaires, utiles et agréables, pour donner l'instruction aux enfans ; et ensuite en animaux, végétaux, outils, instrumens, &c. ; ils lui feroient passer les différentes denrées de la nouvelle colonie, pour les vendre, et appliquer le produit de cette vente aux différentes dépenses. L'agent informeroit le gouvernement de ces diverses opérations, il en donneroit ensuite avis à l'auteur de la feuille périodique pour qu'il en fît mention.

Les différentes associations ne manqueroient pas de se multiplier à Paris et dans les départemens, d'après les grands succès qu'on verroit résulter. Elles continueroient à se faire entre gens qui seroient en état au moins de payer leur passage, et de faire face aux dépenses des deux premières années : je dis les deux premières années, car leur aisance iroient toujours en croissant à chacune des années suivantes, les commencemens étant presque toujours et en toutes choses ce qu'il y a de plus difficile.

L'aisance des associés qui passeroient avec des fonds moins médiocres en deviendroit d'autant plus rapide et plus considérable, parce qu'ils seroient en état de louer une plus grande quantité d'Indiens et de noirs, d'avoir une plus grande quantité de cultures, de plantations, d'exploitations, de bétail, &c. De cette manière, ces associés qui, avec cinq ou six mille francs chacun, seroient pauvres en France, jouiroient et leurs familles, sur le mont Oucaillary, d'une abondance qui n'iroit toujours qu'en croissant, et qui, évidemment, mettroit leurs enfans en état de commencer ce plan de magnificence dont j'ai parlé.

Comme les cultivateurs et artisans seroient toujours bien reçus et bien traités dans la nouvelle république, l'agent en feroit donner l'avertissement par la feuille périodique. En conséquence, sans préjudicier aux associations et conventions particulières, il recevroit, par lui-même et par ses correspondans, les propositions des jeunes cultivateurs et artisans mariés qui désireroient passer à la Guyane ; il régleroit, avec ces cultivateurs et artisans, le nombre d'années de location de service, d'après les diverses considérations de l'âge, de la force, de l'importance du travail ou de l'art, du nombre d'enfans, de leur âge, &c. Ces cultivateurs et artisans, aux différentes époques qui seroient fixées, seroient conduits à la Guyane avec leurs femmes, leurs enfans et leurs outils, aux frais de la nouvelle république. Ces cultivateurs et artisans, à leur arrivée en Guyane, seroient repartis dans les différens carbets, ils y travailleroient de leur état, leurs femmes et leurs enfans suivant leurs facultés. Ils seroient tous logés, nourris, vêtus et soignés aux dépens du carbet ; ils seroient traités dans les carbets, ainsi que leurs femmes et enfans, de la même manière que les enfans mâles et femelles des Indiens qui, comme on l'a dit plus haut, y seroient habituellement amenés. Ces cultivateurs et artisans les instruiroient, ainsi que leurs enfans et les enfans des associés, dans la pratique de leurs différentes cultures et métiers respectifs : les femmes de ces cultivateurs et artisans instruiroient les filles des métiers qu'elles auroient pu exercer en France.

Dans la première année de leur arrivée en Guyane, ces cultivateurs et artisans se concerteroient entre eux pour se réunir en carbets, par dix hommes mariés. En conséquence, ils se présenteroient à l'administration de la nouvelle république pour obtenir, soit sur la montagne Oucaillary, soit sur l'une des montagnes voisines, au cas qu'il n'y eut plus de terre à concéder sur cette montagne Oucaillary, la concession de trois mille arpens de terre pour chaque nombre de dix hommes mariés. Dès la seconde année de cette concession, ces concessionnaires auroient la liberté de commencer à planter sur cette concession la quantité de vignes, d'arbres fruitiers qui seroit réglée par l'administration, et de continuer ainsi, chaque année, tant pour la plantation que pour l'entretien. Ils auroient aussi la liberté, dès cette seconde année, d'établir telle quantité de souches de bétail et de volailles qui seroit réglée et qui seroit fournie par les anciens carbets ; de défricher et ensemencer telle quantité de terre et de jardin qui seroit déterminée ; d'établir en pierre telle quantité de bâtimens qui seroit fixée par l'administration pour chaque année. Enfin elle regleroit combien de tems chacun de ces nouveaux concessionnaires passeroit avec sa femme, et chacun à son tour, sur ces nouveaux carbets, pour avoir soin des bestiaux, volailles et autres objets. Tout le produit annuel des terres, bestiaux et volailles appartiendroit à l'ancien carbet; mais un an avant l'entrée en possession, par les nouveaux concessionnaires, dans les nouveaux carbets, il seroit réglé par l'administration quelle quantité, pour la nourriture des nouveaux concessionnaires, seroit laissée aux nouveaux carbets sur chaque nature du produit des terres; combien il seroit laissé de têtes de chaque espece de bétail et de volailles. Il seroit aussi réglé ce qui seroit avancé en provisions, boissons, &c.; en outils, instrumens et meubles, à l'expiration du tems de location de services en Guyane, porté par l'acte de convention fait en France. Ces différents cultivateurs et artisans se retireroient dans leurs nouveaux carbets respectifs; mais ils seroient tenus de rendre aux anciens carbets auxquels ils avoient été attachés, la même quantité de jours de travail par an que ceux dont on vient de parler, et dans le même nombre d'années. En cas de mort de ces nouveaux concessionnaires, leurs enfans en seroient tenus.

Ils seroient également tenus de rendre aux anciens carbets des souches de bétail et volaille, en même espece et quantité que celles qui leur auroient été avancées; les grains, graines, plants, provisions, boissons, outils, instrumens, meubles, en même espece et quantité que ceux qui leur auroient été aussi avancés, et de faire ces remises dans les délais qui seroient réglés par l'administration. Si-tôt après ces remises en travaux et en objets, ces nouveaux concessionnaires entreroient dans l'exercice de tous les droits de citoyens actifs de la nouvelle république.

A Paris, comme dans les départemens, il est beaucoup de personnes qui ont fait de grandes pertes par les événemens relatifs au papier-monnoie et au grand-livre, et qui sont chargés d'enfans; d'autres personnes qui, avec leurs familles, ne vivent que de viager; d'autres, telles que des artisans, des artistes, des savans, des militaires, des employés, &c., qui ne vivent, avec leurs enfans, que du produit de leur art ou profession, que de leurs appointemens ou pensions, et dont le produit n'est pas suffisant pour, en supposant même une longue vie, laisser à leur famille une fortune telle qu'ils la désireroient.

Le plan proposé combleroit leurs dé-
sirs à cet égard. Ces personnes peuvent,
entre parens ou amis, faire les associations proposées. Au lieu d'aller à la Guyane, elles peuvent y envoyer quelques-uns
de leurs enfans. Elles peuvent faire des
conventions, sous signature privée, avec de
jeunes cultivateurs mariés, et au nombre
de dix par association. Par ces conventions, ces cultivateurs s'obligeroient de
passer à la Guyane, avec leurs femmes et
leurs enfans, aux frais de l'association, et
avec ceux des enfans des associés qui y seroient envoyés ; d'y travailler pendant
vingt ans, ainsi que leurs femmes et leurs
enfans, au profit de l'association, de la
manière dont on vient de parler, et à la
condition qu'ils auroient la récompense
ci-devant détaillée.

On voit que la dépense seroit fort mé-
diocre, en proportion de la grandeur et
de l'évidence des avantages pour chaque
membre de l'association ; que cette dépense
dont rendroient compte annuellement ceux
des enfans des associés qui seroient envoyés
à la Guyane, ne seroit payable qu'annuellement ; que cette dépense n'auroit lieu
que pendant environ trois à quatre ans,
parce qu'ensuite elle seroit couverte et au-

delà par le produit des cultures et exploitations, et qu'au moyen de cette modique dépense, chacun des associés, sans quitter son état, sa profession, son domicile, auroit la certitude d'assurer, non-seulement à ses enfans, mais encore à sa postérité la plus reculée, les plus heureuses destinées.

Par cette raison, ce seroit, pour des gens riches, une spéculation d'une sagesse bien profonde que de former de pareilles associations au nom de leurs enfans, et que d'envoyer en conséquence à la Guyane des fondés de pouvoir, des cultivateurs. Ces pères, ces veuves, ces mères de familles riches s'assureroient à très-peu de frais d'une propriété en Guyane dont ils toucheroient le revenu en France ; et ils seroient certains que, quelques revers qui arrivassent à leur postérité, elle trouveroit dans sa propriété, en Guyane, l'immense ressource, la ressource inébranlable et perpétuelle que j'ai expliquée.

Les simples cultivateurs, artisans et autres personnes peu aisées, forment le plus grand nombre. C'est parmi elles qu'on en rencontreroit le plus qui, pour trouver le bonheur, adopteroient le plan avec le plus d'empressement ; mais elles n'auroient pas les facultés nécessaires pour aller en Guyane et acheter leur subsistance pendant environ trois ans (délai qu'il faudroit à peu-près avant que leurs défrichemens , leurs cultures, leurs ensemencemens et plantations pussent leur produire des récoltes complettes); et , par la même raison , elles n'auroient pas ces mêmes facultés nécessaires pour y envoyer des cultivateurs , et les y nourrir pendant ce délai.

J'observe à ces personnes, et à ceux qui s'intéressent aux infortunés, qu'il y auroit encore pour elles une manière de parvenir au bonheur : manière autre que celle que j'ai détaillée , et manière que voici.

Ces personnnes feroient, respectivement entre elles, et au nombre de dix hommes mariés ou l'ayant été , leurs différens actes d'association , sous signature privée , ou sous la signature privée de quelques-uns d'entre eux.

Ces différentes associations pourroient espérer de trouver dans leurs départemens respectifs, des hommes secourables et en même-tems intelligens pour leurs propres intérêts, qui leur prêteroient les sommes nécessaires , aux conditions suivantes , qui seroient rédigées sous la signature privée du prêteur, et sous la signature privée des associés ou de quelques-uns d'eux.

1°. Pour plus grande économie, l'association n'enverroit provisoirement à la Guyane, que quatre des siens ; mais cultivateurs, et leurs femmes. Le prêteur payeroit d'avance, et feroit payer dans les différens lieux , les frais de voyage de traversée , de voyage jusques à la montagne, et de nourriture des quatre associés et de leurs femmes ; les frais de transports, de leurs socs, coutres et autres instrumens: la partie en bois des charrues se feroit à la Guyane ; de leurs outils , de leurs fusils, des bleds, grains, graines, noyaux, oignons et plants les plus nécessaires à ensemencer et à planter d'abord, et dont il auroit payé l'achat. Les enfans de ces quatre associés resteroient. Ils seroient nourris et entretenus chez les autres associés qui les recevroient chacun à leur tour.

2°. Ces quatre co-associés, à leur arrivée, se presenteroient à l'administration de la nouvelle république, avec leurs papiers. Ils demanderoient la délivrance du lot des trois mille arpens de terre sur

la montagne. Ils commenceroient à s'y
construire des asyles, à faire des défrichemens, à faire des ensemencemens et plantations, d'après le local et la saison, d'a-
bord des comestibles de France et de la
Guyane. Quant au prêteur, il feroit passer
pendant trois ans d'avance et annuellement à l'administration en Guyane, par
l'agent residant en France, les sommes
nécessaires, tant pour faire vivre les quatre
co-associés et leurs femmes, que pour l'a-
chat, réparations et renouvellement des
outils ; pour l'achat de deux vaches, de trois
bœufs propres au labour ou de trois ju-
mens, de neuf brébis, d'une truie, d'une
chevre, de six poules et d'un coq, d'autant de poules-d'inde, d'oies et de cannes :
les quatre co-associés rendroient compte
habituellement de leur situation, tant au
prêteur, qu'à leur association. Ils demanderoient les choses dont ils auroient be-
soin, surtout en hommes, en bleds à ensemencer, en grains, graines, noyaux,
oignons et plants : on remedieroit aux ac-
cidens dont ils feroient part. Le prêteur
commenceroit alors à voir le succès de
ses avances ; il en seroit d'autant plus ras-
suré pour les continuer la seconde et la
troisième année. Passé la troisième année,
le

le prêteur ne payeroit plus aucune somme pour la nourriture des quatre co-associés et de leurs femmes, ni pour autres objets.

3°. Trois ans après l'arrivée en Guyane des quatre co-associés, les six autres associés y passeroient, à leurs frais, avec leurs femmes, leurs enfans et les enfans des quatre co-associés qui auroient passé précédemment. Les enfans des associés qui seroient en âge d'être mariés se marieroient et s'embarqueroient avec leurs épouses ou maris. Les associés s'embarqueroient avec les outils de leur profession, fusils, les bleds à ensemencer, grains, graines, noyaux, plants des végétaux connus dans leurs départemens respectifs. Pour plus de sureté, du côté des subsistances, on auroit l'attention de déterminer l'époque de cette traversée, de manière que ces associés, leurs femmes et leurs enfans arrivassent à la montagne depuis le commencement du mois d'août, où se fait la récolte des bleds, jusqu'aux premiers jours de novembre, où commence la saison des pluies qui ne finit qu'à la fin de mai, sur les côtes maritimes de la Guyane. Si quelques causes s'opposoient à ce que ces associés partissent la quatrième année, il n'en partiroit que quelques-uns ; car on sent que toutes choses sont subordonnées aux événemens, et qu'elles doivent se modifier en conséquence.

4°. Enfin, dans l'espace de dix ans, à compter de l'arrivée des premiers embarqués, ces associés formeroient à leurs frais, au nom et au profit du prêteur ou de ses ayant cause, un commencement de carbet avec logement en pierre, cultures, ensemencemens, plantations, bestiaux et volailles, tel que le tout seroit dirigé et ensuite jugé convenable par l'administration ; au moyen de laquelle livraison, les sommes avancées par le prêteur demeureroient entièrement acquittées, tant en principal qu'en intérêts. Jusqu'à la livraison, le produit appartiendroit aux associés, sauf celui de l'année précédente.

On voit que ces conditions sont favorables à ce mode d'association ; il n'y auroit pas d'un autre côté, de manière plus sûre, plus honorable et plus avantageuse de prêter son argent, puisqu'en faisant le bonheur des associés et de leur postérité, le prêteur, pour une somme peu considérable, et payable en trois ans, s'assureroit une propriété de trois mille arpens d'excellente terre, de tous les bois qui se trouveroient dessus, et qui, par la

suite, acquéreroient une très-grande va-
leur; un logement, des bestiaux et volailles, des terres ensemencées et plantées,
une habitation suffisante pour fournir, d'a-
bord, avec abondance, à tous ses besoins
et à ceux de sa famille, et susceptible ensuite de tout le perfectionnement dont
j'ai parlé; enfin la certitude d'assurer,
par-là, de semblables propriétés à ses rejettons les plus reculés. De pareilles considérations sont bien propres à décider les
gens riches, dans les divers départemens,
à donner les secours dont il s'agit à ceux
de leurs compatriotes honnêtes, mais in-
digens, qui désireroient en faire l'emploi
que je viens de décrire.

Si une seule personne riche hésitoit à
donner les secours proposés, elle pourroit
le faire dans les divers départemens, en
se réunissant à deux ou trois autres personnes riches et bienfaisantes; enfin plusieurs personnes bienfaisantes et aisées
pourroient, dans les divers départemens,
se réunir au nombre de dix, de vingt,
de trente, jusqu'à cinquante, nombre des
maris qui, par la suite, composeroient le
carbet, pour faire, dans chacune des
trois années, les sommes nécessaires.

Chaque somme capitale à fournir, cha-

cune des trois années, par l'ensemble de
ces cinquante personnes seroit modique.
On peut évaluer à vingt mille francs ou
environ la dépense a faire pour le passage
des quatre co-associés et de leurs femmes,
leur nourriture, achat de bestiaux, de
grains, graines et plants à semer et à
planter; ainsi elle monteroit à environ
quatre cents francs pour chacune de ces
cinquante personnes, lequel principal de
quatre cents francs, divisé en trois années, se réduit, pour chacune de ces
trois années, à cent trente-trois francs et
quelques centimes pour chacune de ces
cinquante personnes : il n'est aucune de
ces personnes aisées et bienfaisantes qui
ne regardât cette somme comme une bagatelle. Eh bien! pour cette bagatelle,
elles auroient la satisfaction de faire le
bonheur de dix familles honnêtes, mais
pauvres, et de leur postérité la plus éloignée; pour cette bagatelle, ces personnes auroient de plus la propriété indivise
du carbet de trois mille arpens de terre,
que les associés leur auroient commencé,
en payement. Ces personnes auroient la
faculté de céder cette propriété, ou d'en
jouir, soit par elles, soit par leurs enfans
qui voudroient passer dans la région dé-

licieuse dont il s'agit avec de nouveaux travailleurs, les femmes et enfans de ces travailleurs. Enfin il y auroit encore une autre considération : les enfans mâles et fémelles de ces personnes bienfaisantes, en quelque nombre qu'ils fussent, auroient le droit, suivant le plan, de se réunir au nombre de dix, les hommes par eux-mêmes, et les femmes par leurs maris, pour demander, par préférence à tous étrangers, le lot des trois mille arpens de terre par chaque nombre de dix, et ils auroient la certitude de procurer par-là de semblables propriétés à leurs derniers neveux Quelles mesures certaines! Quels avantages immenses et évidens! Quels motifs déterminans pour donner des secours !

On voit, par ce qui vient d'être dit, que même, sans recourir à la bourse d'autrui, des cultivateurs, artisans et autres personnes mariées ou non mariées, qui, sans être aisées, pourroient cependant déposer et déposeroient en effet chacun une somme de quatre cents livres, qui auroient la certitude, par la vente de leur mobilier ou autres moyens, d'avoir les sommes nécessaires à leur passage, et à celui de leurs femmes et enfans ; que des citoyennes à marier qui déposeroient les quatre cents francs et qui seroient également certaines de pouvoir payer leur passage et celui de leurs maris, (ce seroit une bien excellente dot à apporter); que des pères qui, pour chaque enfant, déposeroient les quatre cents francs et seroient certains d'avoir les moyens de pourvoir au passage de ces enfans, et à celui de leurs femmes ou des maris de ces enfans; que toutes ces personnes pourroient exécuter ce que je viens de décrire en se réunissant au nombre de cinquante maris ou chefs : j'appelle chefs, les filles à marier qui déposeroient leurs quatre cents francs.

Ces cinquante personnes feroient entre elles l'acte d'association que j'ai indiqué. Elles choisiroient, pour dépositaire de leurs droits, un homme honnête, solvable et instruit, entre les mains duquel elles feroient le dépot. Par le même acte, ces cinquante personnes se choisiroient entre elles pour se former en cinq carbets composés chacun de dix maris ou chefs. Par ce même acte d'association, on tireroit au sort pour savoir auquel des cinq carbets appartiendroit chacun des cinq lots de trois mille arpens de terre.

En conséquence de cette acte d'association, il seroit choisi, dans le nombre de tous les associés, quatre jeunes cultivateurs mariés, mais n'ayant pas encore d'enfans. Ces quatre cultivateurs seroient envoyés, le plutôt possible, à la Guyane avec leurs femmes. Le dépositaire de deniers feroit passer, comme je l'ai dit ci-devant, les sommes nécessaires tant à ce passage qu'aux achats de grains, outils et bestiaux, qu'à la nourriture des quatre cultivateurs et de leurs femmes.

Les cultivateurs se présenteroient à l'administration, en Guyane, avec leurs papiers; ils demanderoient en conséquence la délivrance des cinq lots de chacun trois mille arpens, et tous contigus, s'il étoit possible.

Ces cultivateurs s'établiroient sur le premier lot, ils y construiroient leurs asyles provisoires, ils feroient leurs défrichemens, ensemencemens et récoltes. Ils rendroient compte habituellement de leurs opérations au dépositaire des deniers, lequel feroit part de ce compte aux associés. Le dépositaire feroit passer, et d'avance, les sommes nécessaires pour la nourriture des quatre cultivateurs et de leurs femmes, et pour les réparations d'outils. Il feroit également passer les grains, graines et plants à ensemencer et à planter.

Il en seroit de même pour la troisième année, passé laquelle année, il ne seroit plus rien payé ni envoyé : le dépositaire rendroit son compte.

D'après ce qu'auroient marqué les cultivateurs, au commencement de la quatrième année, sur la quantité des subsistances, les associés s'embarqueroient, à leurs frais, au nombre de deux ou trois associés par carbet, mais cultivateurs, leurs femmes et enfans, les grains à ensemencer, outils et autres objets. Ils se rendroient dans l'asyle provisoire que les quatre co-associés auroient précédemment établi ; ils y seroient nourris des subsistances qui auroient été recoltées. Quelque tems après, les quatre co-associés et les nouveaux arrivés se répartiroient sur les quatre autres lots, ils y feroient les mêmes asyles provisoires, ils feroient les défrichemens, ils feroient les ensemencemens et plantations que le local et la saison indiqueroient ; ils partageroient les subsistances, bestiaux, volailles et outils entre les cinq carbets. Chacun des quatre co-associés, premiers arrivés, resteroit sur le lot affecté au carbet dont il seroit membre.

Les années suivantes, il se feroit pareils embarquemens des associés non cultivateurs. Ils apporteroient également les grains, graines et plants, les outils de leurs professions. Les nouveaux arrivés se rendroient dans leurs carbets respectifs pour continuer les exploitations, pour travailler de leurs arts, et commencer ainsi l'époque de leur bonheur commun.

Enfin on voit encore, d'après ce que je viens d'expliquer, que des cultivateurs, artisans et autres citoyens mariés ou non mariés, que des citoyennes non mariées qui déposeroient chacun deux cents francs, qui seroient certains d'avoir les moyens de payer leurs frais de passage et celui de leurs femmes et enfans, pourroient faire le même acte d'association, au nombre de cinquante; de former les cinq carbets et faire les mêmes dispositions que celles que je viens d'expliquer : la différence qu'il y auroit entre celle-ci et la précédente; c'est que cette dernière association, au lieu de quatre cultivateurs n'en enverroit que deux; qu'elle ne feroit conséquemment, dans le même nombre d'années, que la moitié de la dépense que feroit la précédente association en frais de nourriture, achats d'outils, de grains à ensemencer, de bestiaux &c.; que, conséquemment, les progrès seroient moins rapides de moitié, les cultures, les bestiaux et les vivres moins nombreux de moitié, et conséquemment encore le passage des autres associés à la Guyane moins prompt de moitié. Mais huit ou dix ans après, cette dernière association jouiroit de la même abondance, du même bonheur que la précédente.

A l'égard des bestiaux, dont je viens de parler, je dois faire deux observations bien importantes : les différens bestiaux sont infiniment plus abondans et conséquemment à beaucoup meilleur marché dans les établissemens portuguais que dans la Guyane française, parce que ces établissemens portugais sont bien plus anciennement formés que ceux de la Guyane française. Plusieurs carbets pourroient donc se réunir, pour, avec des fonds, envôyer, de tems à autres dans les établissemens portugais qui sont voisins, deux ou trois hommes choisis parmi ces carbets, avec quelques Indiens qui ont reçus un commencement de civilisation : ils acheteroient et ameneroient les différens bestiaux.

L'autre considération importante, c'est

que tous les bestiaux, sauf le cochon, ont considérablement dégénéré et continuent à dégénérer, tant à la Guyane que dans les *isles, parce qu'ils paissent perpétuellement dans des terreins, tantôt remplis d'eau, dans la saison des pluies et couverts de mauvaises herbes, et tantôt brûlés, hors cette saison des pluies; mais sur les montagnes, on mettroit ces bestiaux paître, suivant les saisons, dans des pâturages excellens où ces bestiaux s'amélioreroient, se perfectionneroient, et successivement leurs races, comme ils se sont perfectionnés dans les montagnes du Perou, et comme ils ont acquis, dans les montagnes des pays chauds, cette perfection si renommée.

Toutes les mesures que je viens d'indiquer, toutes celles que j'ai indiquées précédemment, toutes les mesures que j'ai dû indiquer sont simples, faciles et sûres : je le répéte, quels avantages immenses n'en résulteroit-il pas?

Je médite mon plan depuis longues années. Je le rends public, non simplement pour me faire imprimer; mais pour en provoquer l'exécution. On voit que je ne le propose pas en enthousiaste; mais pour le bien des infortunés, pour le bien de l'humanité. J'invite mes lecteurs à le méditer, à le communiquer et à favoriser cette exécution, chacun à sa manière et suivant son pouvoir, en faisant, dans leurs départemens, dans leurs cantons respectifs, les développemens, les explications et les menus détails que je ne peux donner sans excéder énormément l'étendue que je me suis prescrite. Si les commencemens de cette exécution sont conduits avec sagesse, le succès est infaillible, parce que ceux qui passeroient les premiers trouveroient, dans les montagnes, des contrées délicieuses et fertiles; que dans un travail modéré, ils trouveroient l'abondance de toutes choses et le bonheur ; qu'en écrivant à leurs parens et amis dans leurs départemens respectifs d'où ils seroient partis, ils ne manqueroient pas de leur raconter ce bonheur; que le bruit s'en répandroit, et qu'il encourageroit de plus en plus les infortunés à faire les associations, et les gens bienfaisans, riches et aisés, à faire avec eux les conditions dont j'ai parlé, ou telles autres qu'ils aviseroient ensemble : car on sent qu'elles peuvent se modifier d'une infinité de manières. Par tous ces moyens, par la grande salubrité du pays de montagnes dont il s'agit, par les charmes d'un perpétuel printems qu'on pourroit s'y procurer, par sa fertilité, par la jouissance qu'on y auroit des animaux, des végétaux des trois zones; enfin par la renommée de toutes ces choses qui se répandroit aussi chez l'étranger, la nouvelle république acquéreroit promptement les mêmes accroissemens successifs qu'ont pris et que prennent les républiques anglo-américaines, puisque ces dernières ne réunissent pas, il s'en faut de beaucoup, tous les grands avantages dont je viens de parler. Avec des avantages si supérieurs, pourquoi des Français ne feroient-ils pas ce que des Anglais ont exécuté? Je reviens à la suite de ma proposition générale.

L'administration de la nouvelle république continueroit annuellement à faire passer à l'agent, en France, ses différentes denrées, pour les vendre et en employer annuellement le prix à payer, en France, les diverses dépenses, à acheter et à faire passer dans la nouvelle république les différentes choses qui lui seroient nécessaires, à acheter et à lui faire passer successivement ceux des animaux utiles, les plants, les graines, pépins, oignons, noyaux, de ceux des végétaux utiles de la France, de l'Europe, de l'Asie et de l'Affrique, qui ne sont pas connus à la Guyanne, ni dans l'Amérique ; ceux des pays froids comme ceux des pays chauds, qu'elle placeroit sur les montagnes, sous les différens climats qui leur conviendroient respectivement.

Pour leur propre consommation, pour être en état de payer les acquisitions dont je viens de parler, pour livrer à la république les denrées destinées à être vendues par elle, pour le prix en provenant être employé à payer, comme on l'a dit ci-devant, les autres dépenses générales et extérieures, les colons, indépendamment des vins, eaux-de-vie, huiles, farines et grains, riz, chanvres, lins, fers, aciers et autres denrées qu'ils livreroient à la république, ainsi que les ouvrages de leurs arts ; les colons, dis-je, planteroient les cannes à sucre, le cacaotier, le caffier, le tabac, le cotonnier, le raucoyer, l'indigottier, &c. : ils feroient ces plantations dans la partie chaude, c'est-à-dire dans le bas de la montagne. Ils feroient en sorte de tirer des établissemens espagnols la vigogne dont la laine est si estimée, et ils la placeroient vers le haut de la montagne, climat qu'elle recherche ; la cochenille et le nopal, arbrisseau qui nourrit cet insecte, l'arbre à quinquina, l'herbe dite du Paraguay, dont les Espagnols font des boissons qu'ils disent si délicieuses et si salubres : les colons planteroient ces végétaux dans le bas de la montagne. Ils tireroient du Canada et planteroient sur le haut de la montagne le Gin-seng, plante que les Chinois achetent au poids de l'or. Ils tireroient encore du Canada, et placeroient vers les glaces de la montagne les animaux qui produisent ces belles fourrures. Ils tâcheroient de tirer le thé de la Chine, et ils le planteroient vers le haut de la montagne, &c. &c.

Si l'établissement de la nouvelle république dans le canton des hautes montagnes dont l'intérieur de la Guyanne est couvert, et dont je viens de parler; si les moyens que je viens de proposer sont extrêmement avantageux aux différens citoyens français, à un grand nombre d'infortunés, on voit qu'ils ne le sont pas moins à ceux des cultivateurs et artisans français qui voudroient profiter de ces moyens; que tous ces différens citoyens se prépareroient et à leur postérité la plus reculée, un bonheur aussi évident que certain et inébranlable; que plus cette considération bien frappante seroit connue, plus il passeroit de nouveaux individus français et non français, et plus la nouvelle république tendroit au perfectionnement dont j'ai parlé.

Tel sont mes motifs, tels sont mes moyens ; je desirerois qu'ils fûssent adoptés, pour qu'à la gloire et au bonheur de l'humanité, la communauté de biens, conservée par les sauvages, et que vouloit Platon dans sa république, comme seule sauve-garde de l'égalité et de la liberté dans toute leur plénitude, fût réalisée dans la nouvelle république. Cette communauté de biens fut aussi, et par la même raison, comme je l'ai dit, l'objet des vœux de Thomas Morus, de Las-Casas, du fameux amiral de Coligny, du président de Montesquieu ; les Jésuites l'avoient effectuée ; le chevalier Penn, les frères Moraves, les Dumplers se sont plus ou moins rapprochés de ce principe dans leurs établissemens respectifs et particuliers. Quant à moi, je propose de mettre en vigueur cette communauté de biens, d'après le plan du célebre président, en appellant à l'exécuter, et conséquemment au bonheur, ceux des Français et non Français qui auroient le même desir, et en faisant participer au même bonheur les Indiens de la Guyanne : ce seroit

un

un moyen de plus de légitimer l'occupation
de leurs terres par des étrangers. Mais
pour cette exécution, il est nécesaire que
je rende ce plan public par la voie de l'im-
pression, afin que ceux de mes concitoyens
à qui ce plan agréeroit, pussent me faire connoître leurs intentions, leurs idées,
leurs observations par la feuille périodique
ci-devant indiquée; qu'on pût en conséquence prendre les moyens propres à
l'exécution du plan, et obtenir, à cet effet,
la protection du gouvernement.

DUCHESNE.